THIS

IS

MY

EARTH

Also by Martyna Buliżańska

Połów: Poetyckie debiuty 2010
(anthology, Biuro Literackie, 2011)

Wizyjna
(poetry, Biuro Literackie, 2017)

THIS IS MY EARTH

POEMS

MARTYNA BULIŻAŃSKA

translated by

PETER BURZYNSKI

newamericanpress

Milwaukee, Wisconsin

newamericanpress

www.newamericanpress.com

First published in Poland as *Moja jest ta zemia.*
(Biuro Literackie, 2013)

ISBN 978-1-941561-12-6

Book design by David Bowen

Cover image © Aleksandra Bogdanova

This book has been published with the generous support
of the ©POLAND Translation Program.

For ordering information, please contact:
Ingram Book Group
One Ingram Blvd.
La Vergne, TN 37086
(800) 937-8000
orders@ingrambook.com

TABLE OF CONTENTS

Bydgoskie; mówi burżuazja

idziemy: las, las, odnoga Wisły, zaledwie kilometr od gorącego centrum.
mamy landrynkowe paznokcie, ale wnętrze alice glass. tu drzwi, tu
drzwi –

wszędzie za nimi ludzie. wszystko nabiera kolorytu – mijamy kolejne
kobiety po przejściach –

napalm dziwek
cóż za wielkomiejska atrakcja
napalm dziwek
wybuchnę, jeśli jesteś blisko –

i winda, i sklep, drżące atrapy mojego caratu. ciekawie jest w mieście.

Bydgoskie, say the bourgeoisie

we go on foot. around us forest and more forest.
the forest and a branch of the Vistula
are barely a kilometer away from
the heart of the city. we have hard candy fingernails
but on the inside we're Alice Glass.
here's a door, here's the door.

there are people behind them.
everything begins to glimmer. we pass
another world-weary woman.

the napalm of hookers
isn't it quite the big city attraction?
the napalm of hookers –
I may explode if you're near.

and then there's an elevator and a store and the trembling fake fruit
    of my Tsardom.
the city rarely disappoints.

spektakl 1: ukornowanie

wielkie neony: czerwone elektryczne tarcze i wiązka światła cienka jak
papier, pytają: kiedy przestanę jeść dni jak jabłka? śledzę krągłe palce
stu podzielnych cząstek chłopców –

– każdy chce być dzielnym Stirlitzem uwodzonym pokornie marszem
polonia śpiewającym cięzko: jeśli słonie idą na północ, to wołki zbożowe
podążą ich śladem.

spectacle #1: coronation

huge neon lights: red electric blades and a bundle of paper-thin
light ask: when will I stop eating my days like apples? I follow
the rounded fingers of boys, their hundred divisible parts –

– everyone wants to be a brave Stierlitz[1] humbly seduced by the
march of Poles abroad sung hard and heavy: if the elephants go north, then
the weevils will follow their trail.

---

[1] Max Otto von Stierlitz is a James Bond-type character from a series of
Russian novels published in the 1960s.

święto małża; odchodzenie

I.

ryba w wodzie, nóz w wodzie. przy obiedzie mówimy o wojnie:
hej, Zuzanko, domy odkryte i dziad niemy kradnie ze świnek skarbonek.
bezwiednie dotykam wnętrza uda; tu był rak, zanim zamknąłeś drzwi.

II.

siedzimy na pomoście, skąd ten z niemieckim nazwiskiem pluje do wody.
rzyga kobita na ulycy i tak jesteś prochem, niczym.
podajesz mi zimne kurze skrzydełka; masz pewność, że tylko drapałam

u progu Marii. to na jej sznurkach wiszą moje czarne swetry rozpinane.

the holiday of bivalves; leaving

I.

fish in the water, knife in the water. at dinner we talk about the war:
hey, Susana, the safe houses were discovered; a mute old man stole from their
piggybanks.
without knowing it I begin touching the insides of my thighs;
there was cancer here
so you left.

II.

we sit on the jetty where that dude with a German name spits into the water.
some woman pukes on the street and you're just dust, you're nothing.
you hand me a cold chicken wing; you're certain all I did was scratch

at Mother Mary's door. it's on her clotheslines that my black cardigans hang,
unbuttoned.

ślady pamięciowe; pobrzeża

dojrzałe kosztele spajają zamknięte w obwodach dzieci;
ich śpiewające twarze spływają prawdami świata:
czy święta ziemia żegna się po zdeptaniu chleba?
mówią, że jarzmo synów Abrahama dusi nocami i zamyka w ciepłym
wnętrzu zwinnych dziewczynek

pękających w wodzie; to głosi nasza rodzina:
pod skórą pulsuje źródło Nauset.

stains of memory; the coasts

ripe apples snap shut and shape the circuits of children;
their singing faces flowing with the truths of this world:
does the holy earth say goodbye after the bread has been trampled?
they say that the hefty yoke of the Sons of Abraham chokes us at night but
also becomes trapped in the insides of agile girls

which are bursting in the water – that's what our family claims
is beneath the surface of the Nauset's source.

edgar allan poe umarł

kiedy król Szachrijar wypływa na nieznane wody,
Hop-Frog, rzadki ptak, pojawia się na gotowych już ziemiach
(wszyscy znamy potęgę przerywników, ostatnich słów i ostatnich zim),
gdy pięć minut po dwunastej to tylko wierccąca peryfraza, Hop-Frog

/nic poza kresem wzgórz dobrego nie ma już/.

Edgar Allan Poe died

when King Shahryar surfaces on unknown waters
'Hop-Frog' appears. He is a rare bird that lands on fallow earth
(we all know the might of interludes, their last words and last winters),
when it's only five minutes after midnight; it's only the irksome turning
      of a phrase
and, of course, 'Hop-Frog'

/there is nothing good left beyond the hilltops anymore/.

mówisz, żegnaj bossawalo

grunt był podmokły, a on postawił tam zeschłą lipę.
gdzieś pomiędzy ugrzęzła matka.

stawiasz kołnierz, już kwiecień. Wala,
na piegach odliczałaś czasy powrotów, kiedy matka
wyciągnie głowę z kołyski i wypluje te wszystkie gorzkie, przedwczesne
płody, które wyśpiewały na podołku umartwienie.

/już kwiecień, nadal badasz łokciem płynące czarnoziemy,
z biegiem lat więej łokci i rozmiękłych twarzy/

Wala, wróćmy do domu, ojceic dbał zawsze o progi,
nie bój się – węgierki na udach znikną jak
Pan z tobą matki.

you say, goodbye Bossa-Valya

the ground was damp and he planted a dried up linden there –
somewhere between where mom was bogged down.

you put down a collar, it's already April. Valya, you
counted all of your homecomings on your freckles; when mom
will pull her head out of the cradle and spit out bitter premature fetuses
who sang on the laps of mortification.

/it's already April and you're still testing the topsoil with your elbow.
over the years you've come to use your elbows more, softfaced.

Valla, let's go home, dad always took care of the threshold,
don't be scared – the plum-like bruises on the inside of your thighs
        will vanish like…
God be with you, said your mother.

roza dma, misza

(czasem jeszcze pisuję do Twiggy)

gdybyś wczoraj widział, jak ojciec wieszał płaszcze, Misza,
czerwiec był, drylowałyśmy wiśnie i matka miała na ustach zadrapania.
dłonie w spódnicy spuchły jak oczy, tylko że powieki nie potrafią
zgarniać pleśni w sypialnianym, gdy kołysze.

/przybyło mi piegów na twarzy, ojciec mówił, że gdzieś musi gasić cygarety.
w chłodne niedziele egzemowaty dym uchodzi wolniej/

Misza, zabierz mnie do Jeruszalaim
– chyba Jezus nie pyta, *kto dziś jest na obiad, Wala?*

(emphysema) winds that blow roses, misha

(sometimes I still write to Twiggy)

Misha, if you only saw how dad was hanging up coats yesterday–
it was June, we pitted cherries and mother had scratches around her mouth.
hands inside her skirt swelled like eyes, though their eyelids could not
gather the mold in the bedroom when gently rocking.

/It turns out that I had freckles, dad said that he needed someplace to put out
his cigarettes.
on cool Sundays the rosy eczema of his smoke was somehow slower/

Misha, take me to Jerusalem
– I don't think Jesus asks, *who are we having for dinner tonight, Valla?*

Jeanne; konstelacje-rozwarstwienia

planety wracają do układu sprzed pięciuset lat; wszędzie niedziele,
w które mówimy sobie – jesteśmy jeszcze piękniejsze w tych odległych,
zamkniętych miastach rozdzielonych ruchem dłoni. wszystko już zgaszone,
Jeanne, jeśli czymś będę, to umkniętą zasadą, spienioną trzciną,
historią naturalną, która krzyczy:

każda mała niegustowna
nie ma żadnego wstawania przez słowa
każda mała niegustowna
to grzęzawisko kur i wiosek, plam kliszy, dla których ja

umykam w Święto Światła.

(odwróć swoje oczy, Jeanne, są do rozwarstwiania innej strony świata).

Jeanne; The Stratification of Constellations

the planets return to their places from 50 years ago; everywhere it's a Sunday
during which we talk to ourselves – we are even more beautiful
in these distant,
cold cities separated by the movement of a hand. everything is already
extinguished,
Jeanne. if I'm to be anything it's a broken rule, a frothy reed,
a natural history which yells:

every little tasteless being
won't be woken by words
every little tasteless being
is a quagmire of hens and villages, the stains of film from which I
escape during the Festival of Light.

(turn your eyes away, Jeanne, they are for the delamination of another side of
this world)

Hanoi, sześćdziesiąte I

widzisz, poruszamy się po drugiej stronie
barykady, blaski lamp Starlight, pola
mięty, schodzę; jutro zadzwonię do Jane, dzisiaj

znajdujemy w resztkach ziemniaki; w ten sposób widzę łupiny po raz
pierwszy; na chwilę urywa nam się przekaz (coś tonie); rzucają w nas
pestkami. Nike też była żydówką, powtarzam: Nike też była żydówką;

słabnę, wkrótce przypominają mi się głębie, blaski
lamp Starlight, jestem szczęśliwy, że mogę z tobą
tańczyć, schodzę; dzwonię do Jane, dzisiaj dzwonię

do Jane, powie mi, że też jest jej przykro.

Hanoi, in the Sixties: I

you see, we're moving on the other side
of the barricade. the lamp of Starlight gleams. there are mint
fields I am coming down from; tomorrow I will call Jane. today
we find the leftover potatoes. In this manner I find the shells
for the first time. for a moment the message is breaking apart (something
is sinking).
they are throwing seeds at us. Nike was also a Jew. I repeat,
Nike was also a Jew.

I weaken. soon I am reminded to the depths of the gleaming
Starlight. I am happy, that I can dance
with you. I am coming down. I call Jane, today I am calling

Jane Fonda. She will tell me that she, also, is sorry.

Hanoi, sześćdziesiąte II: moja jest ta ziemia

ona jedna umiała mówić po walijsku.

pamiętasz pokój z Jezusem Zbawicielem, to on nam nie pozwalał
zapalić, chodziłyśmy do okrągłych obór, widziałam czyjeś dzieci na
betonowych schodach; blaski świetlówki, ślady smukłych dłoni

(śniła mi się piosenka; sześćdziesiąte, apple)

wszystko układa się w jedno; pozdrawiasz mnie z oddali; w pierwszych
dniach było tak, jakby dom już stał. za każdym razem modlisz się za
mnie i za swoją ziemię; nie rozdrapią

koty, kociaki. leżą pod bezpieczną warstwą.

Hanoi, in the Sixties: II; This Is My Earth

she was the only one who knew how to speak Welsh.

remember the room with Jesus the Savior? that's where he wouldn't let us
light up our smokes. we walked to the round sheds. I saw someone's kids on
the concrete stairs. You could see the traces of their slender hands in the
florescent light.

(I dreamt of a song: the Sixties, an apple)

everything comes together as one. You wish me well
from a distance. In the first
days it was like the house was already standing. Every time you pray for
me and your earth, that the kittens won't scratch

the cats. They lie beneath a safe layer of earth.

der jäger

ścięte wody odeszły; chłopcy z bałkanskich miast i wsi znikną w jednej
stronie świata.

opowiadam o matce boskiej od uśmiechu i jej białych przegubach:
śmierć dziecka bardzo ją bolała, mówię i szukam ujścia: jestem rzeką
i lisem, rozproszonym przyjęciem

u wielkiego wezyra. drgam jedną stroną świata; radio dubrownik –
neretva, okrągłe studnie pełne darów. jeśli wypłyną ciała, zasklepię
jamy – puste głosy nocnych ptaków.

der jäger

the choppy water settled; boys from Balkan cities and the countryside
        disappear to one side of the world.

I describe Mother Mary by her smile and white wrists:
the death of her child hurt her very much, I say as I look for an out:
I am the river
and the fox. there is a scattered audience

at the Grand Vizier's reception. I pulsate one side of the earth;
Radio Dubrovnik –
in the Neretva river there are round wells filled with treasure.
if they leave the bodies,
I will fill their cavities – the empty voices of night birds.

parti pris

ryciny wielkich wód i wątłych łodzi, słyszysz krzyki i kołyska zamyka
się po raz ostatni. stoimy na wysokiem zboczu, choć byliśmy plonem
marynarzy, słodkich miraży i roztworu wódki, a

oto dzień gniewu, brzmienia obcych głosów. twarz tej zmarłej, którą
znaliśmy epokę temu, otwiera się i wiemy już, że oko rozpoznaje geometrię
ulic, ciche skwierczenie – wracamy do domu.

parti pris

in the engravings of greats waters and frail boats you hear screaming
and the cradle loses for the last time. we stand on a tall slope, though
we were a crew of sailors. sweet mirages and a mixture of vodka, and

this is a day of anger and the sound of foreign voices. the face of the dead
woman, the one we knew eons ago, opens and at once we know that her eye
can recognize the geometry of streets, their quiet sizzle – we return home.

pięć sił z długą łodygą

na półwyspie. tutaj dzieci płaczą.

rozkrojone wczorajsze mięso, okna i nóż śpiewały: balszoj!
i moja skóra ścierpnięta od północnego wiatru
cierpną-siekną wszystkije moroszki.

/najwspanialsze były moje rubensowskie pięty
jak pomidory, czerwone pękały w porze roztopów,

padały włosy, młynarz mówił,
że to jod, ja nadal
dla chłopców w południe gotowałam mleko
w kotle – zdzierałam rdzę i serwatkę z rękawów młodszego
z uporem, młynarz – tynk ze sklanek.

od tej pory chciwie patrzył na moje stopy/.

the five forces of the long stalk

the peninsula. children are crying there.

yesterday's meat has been cut. the windows and the knife sand: Bolshoi!
and my skin is numb from the midnight wind;
tingling, leaking like all the cloudberries.

/the best of it was that my Rubensesque heels
were like tomatoes red and cracked like during the spring thaw.

hair fell, said the miller,
it's iodine
I boiled milk in the broiler for the boys in the afternoon –
I stubbornly peeled rust and whey off the sleeves of the younger one.
the miller – the plaster of glasses.

from this moment he's been greedily staring at my heels/.

archipelag 164

archipelag – obiektywy, prześwietlone błony jak srebro koloidalne –
krzyczą po francusku, ale doprowadzą do życia wiecznego. wnikam
głęboko, analiza i synteza jako ulubione słowa, a jednak

i rozumiem, i słyszę, i łowię, i cichnę
(rola musi znajdować się pod kontrolą. szybko się w niej o wszystkim
zapomina)
i byłam kobietą w kapeluszu Klimta.

archipelago 164

archipelago – through lenses one can see the membrane like colloidal silver –
they are yelling in French, but they will lead you to everlasting life. I scrutinize
this heavily with analysis and synthesis being my preferred words. Yet
I understand and I hear and I fish and I quiet down
(the role must be controlled. one can forget about everything quickly while
in it)
and I was a woman in Gustav Klimt's hat.

oczyszczanie; w niebo

kobiety w zimnych kościołach modlą się o twarz Maryi;
mówią, że dziecko narodu wybranego nie hoduje w sobie gwoździ.
wciąż pascha – róże kierunków strzelające z północy;
ich gęste obłoki płyną,
wiatr opowiada o Waldemarze Daae i oswojonych córkach;
która pierwsza przyjdzie tylko popatrzeć? matki rozplatają warkocze;

filtrowane czyste widoki: pogórze tracą łagodzone niewłaściwie.

cleaning: in heaven

women in cold churches pray
with hope that their faces become apparitions of Mother Mary's face;
they say that the child of the chosen nation cannot grow nails through his
stigmatic hands.
during Passover compass rosettes spring forth from the north
their thick clouds flow,
and the wind tells the story of Valdemar Daae and his daughters;[2]
which one will come first? which only to take a peek? braids drop
and mothers unfurl their curls;

the heavens offer unadulterated views: the foothills unjustly crumble
under the heft of human power.

---

[2] "The Wind Tells the Story of Valdemar Daae and His Daughters" is a story
by Han Christian Anderson. Here it is part of the narrative and doubles as an
allusion to Anderson's work.

post: regresowe

(czy tu była wojna, wojna jak rapsodia?)

rozcieram ślady; rodzą mnie kolejne łyse biblijne kobiety.
widzę, wychylają dłonie przez okna i nawołują okręty.
w tym miejscu zastawiam wnyki

– właczem Kolbuszową.

przez żydowskie nieużytki i wiązanie dłoni pęka moja ziemia, wyłuskując
ostatnie ogniskowe. zaczynam sezon polowań: grzęznę, szukając
ostatnich ciał.

przydrożne krzyże nie płoną;
wchodzą za mną do domu Pana.

fasting: recourse

(was there a war here?; a war like a rhapsody?)

I rub away any traces; bald biblical women keep giving birth to me.
I see that they stick their hands out the window and wave to passing ships.
In this place I set the trap

– I launch towards my target, Kolbuszowa[3].

By way of the barren Jewish fields and the twisting of intertwined hands the
soil is picked apart as it cracks like light escaping a prism. I begin my hunting
season: I am mired
while searching for the last bits of flesh–their bodies.

Roadside crucifixes do not burn;
heaven-bound, they follow me.

---

[3] Kolbuszowa is a small town in southeastern Poland whose coat of arms
shows two hands shaking with a Christian Crucifix above and a Star of David
below them to stress unity between Polish Jews and Polish Christians.

Exodus

tak powstała Księga Wyjścia: są nieba otwarte i zamknięte. w każdym
kontur ciała – gorzki ciężar w brzuchu, jak tłuste muchy nad handlarką
jarzyn (to widzimy w przyszłym życiu). święto Ēostre, pomarańczowy
dym, jako niema ofiara i znów

rodzimy się

umieramy

wśród kar i przewinień, bo tak jest bardziej lirycznie.

Exodus

So it was in the Book of Exodus: there are open heavens and closed heavens.
In each contour of the body – a bitter weight in one's stomach like fatted flies
mobbing a vegetable cart – we see the future of life. On Ēostre's[4] holiday there
is orange smoke offered as an ineffable sacrifice and then once again

we are born

we die

amongst our punishments and transgressions, because those ways
are a bit more lyrical.

____

[4] Ēostre is a Germanic pagan goddess of spring and the dawn. Her namesake
continues to thrive as the root of the English word 'Easter.' The pagan
celebration of springtime feasts was later co-opted and appropriated by
Christians in order to convert pagans without disrupting their familiar
holiday and harvest traditions. Although the timing of the celebration would
remain the same, the event's religious significance slowly changed.

TRANSLATOR'S ACKNOWLEDGMENTS

I would like to thank all my colleagues and mentors at the Univeristy of Wisconsin-Madison, The New School, Columbia University, and the University of Wisconsin-Milwaukee for helping me fuse and explore my interests in poetry and Polish literature. Without my experiences studying these two pursuits side-by-side and the support and encouragement of those at these institutions, this translation would not be possible.

Thank you to my amazing parents, Władysław (George) and Aleksandra, whose selfless sacrifices as immigrant parents gave me opportunities beyond my dreams. I am also grateful to them for bringing me up bilingual and for occasional assistance while I translated this volume.

Special thanks to *MAYDAY Magazine* for first publishing "rubella, misha" and "fasting: recourse" from this collection.

Many thanks to my editor at New American Press, David Bowen, for the will to bring this book into the world. His support and dedication have been incredible. I'm very grateful to The Polish Book Institute for their contributions to the publication of this collection. I would also like to thank them for bringing Polish literature to all corners of the world.

Finally, tremendous thanks to Martyna Buliżańska for her patience, collaboration, and wonderfully complex poetry. I am glad and proud to help bring her poetry across the Atlantic.

ABOUT THE TRANSLATOR

PETER BURZYNSKI has published translations of Martyna Buliżańska's poetry at *MAYDAY Magazine*, as well as more than a hundred of his own poems at print and online literary journals including *jubilat*; *Forklift, Ohio*; *RHINO*; *Thin Air*; *Prick of the Spindle*; *Thrush Poetry Review*; *Your Impossible Voice*; *Whiskey Island*; *Fields Magazine*; *Great Lakes Review*; *Kritya*; and *The Best American Poetry Blog*, among others. Peter holds a BA from the University of Wisconsin-Madison, a MFA in Poetry from The New School University, a MA in Polish Literature from Columbia University, and a PhD in poetry and literature from the University of Wisconsin-Milwaukee.

ABOUT THE POET

MARTYNA BULIŻAŃSKA was named a laureate of Biuro Literackie's Połów poetry competition in 2010. Her debut poetry collection, *Moja jest ta ziemia* (Biuro Literackie, 2013), was honored with the Silesius Wrocław Literary Prize and third prize in the X-National Literary Contest Złoty Środek Poezji. Martyna's followup collection, *Wizyjna*, was released by Biuro Literackie in 2017. Born in Kujawy, Martyna now lives in Toruń, where she works and studies.